AF315366

CATALOGUE

DES

TABLEAUX

ANCIENS ET MODERNES

Dessins, Aquarelles, Gouaches, Miniatures, Pastels, Gravures

OBJETS D'ART, ANTIQUITÉS

Bronzes de Barbedienne
Ivoires de Scaillet, Marbres, Porcelaines montées, Armes
Bijoux anciens, Boîtes, Bonbonnières
Matières précieuses, Bronzes de l'Extrême-Orient

MEUBLES ANCIENS ET MODERNES

BELLES BIBLIOTHÈQUES DE L'EXCELLENT

Tentures

Appartenant à M. le Docteur CUSCO

ET DONT LA VENTE AURA LIEU

HOTEL DROUOT, SALLE N° 1

Les Lundi 7 et Mardi 8 Mars 1892

à deux heures

Par le Ministère de **M⁵ GEORGES BOULLAND**, commissaire priseur

26, rue des Petits-Champs, 26

ASSISTÉ

Pour les Antiquités, de	*Pour les Tableaux et Objets d'art, de*
MM. ROLLIN & FEUARDENT	**M. ARTHUR BLOCHE**
EXPERTS	EXPERT PRÈS LA COUR D'APPEL
4, place Louvois, 4	25, rue de Châteaudun, 25

Chez lesquels se trouve le présent Catalogue

EXPOSITION PUBLIQUE

Le Dimanche 6 Mars 1892, de 2 heures à 5 heures 1/2

CONDITIONS DE LA VENTE

Elle sera faite au comptant.

Les Acquéreurs paieront *cinq pour cent* en sus du prix d'adjudication.

L'exposition mettant le public à même de se rendre compte de l'état des objets, aucune réclamation ne sera admise une fois l'adjudication prononcée.

Paris. — Imp. de l'Art. E. Ménard et C⁹, 41, rue de la Victoire.

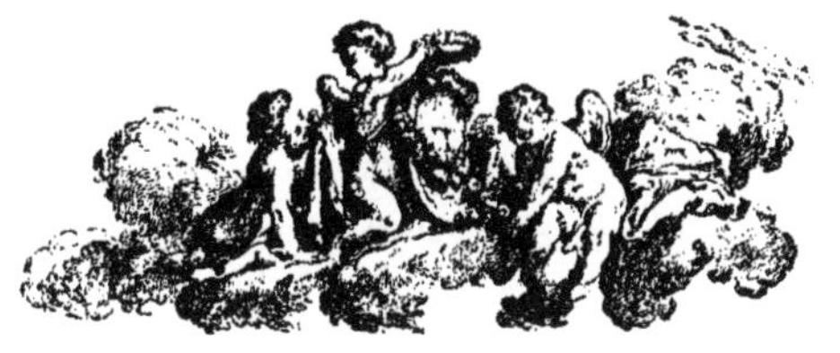

TABLEAUX ANCIENS

BREUGHEL
(PIERRE, dit LE VIEUX)

1 — *Les Noces flamandes.*

Composition des plus importantes, de quatre-vingt-deux figures.

Près d'une ferme, au premier plan, hommes et femmes se livrent avec frénésie au plaisir de la danse. A gauche, des joueurs de cornemuse; près d'eux, une cruche en terre; au milieu, un chien qui aboie après les danseurs. Au second plan, des paysans et des paysannes s'embrassent, tout en échangeant des propos grivois, d'autres boivent ou s'éloignent dans les buissons, et autour d'une table sont assis la jeune mariée, ses parents, les témoins et le marié, auquel on compte la dot et qui n'y paraît pas indifférent. Tout autour, des paysans et paysannes regardent curieusement.

Dans cette composition sont résumés les traits caractéristiques de la paysannerie flamande de l'époque, sa gaieté franche et brutale, ses expansions sans bornes.

Avec gravure du temps de A. D. Coll, offrant, dans un cartouche en bas de marge, huit vers hollandais descriptifs.

Légère variante dans les détails.

Bois. Haut., 72 cent.; larg., 1 m. 5 cent.

BREUGHEL

(dit D'ENFER)

2 — *Le Combat des gras et des maigres.*

Mascarade ; composition de nombreuses figures sur une place. Effet de nuit.

Bois. Haut., 42 cent.; larg., 68 cent.

BRIL

(PAUL)

3 — *La Forêt.*

A gauche, un ruisseau tortueux dont émergent des plantes diverses. A droite, sur la route bordée de grands arbres, on voit un cavalier relevant un personnage. Au fond, une femme qui s'éloigne.

Toile. Haut., 25 cent.; larg., 35 cent.

DROLLING

(Attribué à MARTIN)

4 — *Scène d'intérieur de l'époque Louis XVI.*

Une dame de qualité en robe mauve, avec fichu de gaze, coiffure à rubans roses, prend des fruits dans une corbeille posée sur un guéridon. Accoudé sur une console, un jeune homme, tenant un livre fermé à la main, semble la contempler.

Toile ovale. Haut., 45 cent.; larg., 38 cent.

FRANCK

(GABRIEL)

5 — *Sainte Madeleine.*

> Debout, devant une grotte, dans un paysage arrosé par une rivière. Sur la rive opposée on découvre une cathédrale.
>
> Cuivre. Haut., 35 cent.; larg., 30 cent.

GUARDI

(Attribué à)

6 — *Vue d'une île italienne.*

> En face une place, avec une église entourée de constructions. Tout autour, la mer est sillonnée de voiliers et de barques, avec nombreuses figures.
>
> Toile. Haut., 30 cent.; larg., 43 cent.

GUARDI

(Genre de)

7 — *Les Moulins.*

> Bois. Haut., 25 cent ; larg., 35 cent.

HALS

(Genre de DIRK)

8 — *Le Fumeur.*

9 — *Le Buveur.*

> **Deux pendants.**
>
> Bois. Haut., 32 cent.; larg., 26 cent.

LALLEMAND

(JEAN-BAPTISTE)

10-11 — *Nymphes au bain.*

Charmante composition de plusieurs figures dans des paysages avec ruines.

Deux pendants.

L'un signé à droite.

Toile. Haut., 34 cent.; larg., 40 cent.

LE MOINE

(FRANÇOIS)

12 — *Le Couronnement de Flore.*

La nymphe couchée sur un tertre verdoyant s'est endormie, ayant près d'elle un mouton qu'elle tient en lesse et enrubanné de bleu. Un jeune berger arrive à gauche et témoigne de son extase pour sa beauté. Des anges, descendant des cieux à travers les nuages, viennent la couronner de fleurs.

Toile. Haut., 80 cent.; larg., 1 m. 25 cent.

LEPRINCE

(XAVIER)

13 — *Bords de rivière.*

Au premier plan, des pêcheurs abordent; un paysan tire son âne par la bride; un autre, couché par terre, suit son chien des yeux. Au fond, les deux rives s'étendent à l'infini.

Bois. Haut., 28 cent.; larg., 36 cent.

MIEREVELT

(MICHEL-JEAN)

14 — *Portrait de dame Jon Cvravwe Caterine van Damme Hvsvraw, van M. François de Groote.*

Représentée debout, presque de face, en robe de velours noir, corsage doublé de fourrures, à manches façonnées, avec bourrelets aux épaules tout brodés de jais, ainsi que la bordure. Sur la poitrine, attachée par un ruban de velours, une croix d'or ciselé, enrichie de trois perles blanches pendeloques. Elle porte la main droite sur une chaîne d'or à médaillon faisant le tour de la ceinture et tombant sur le devant de la robe. De la main gauche, parée de bagues à chatons, saphirs et rubis d'un précieux travail, elle retient l'extrémité de la chaîne à laquelle est attaché un bijou orné de perles pendeloques. Les manches sont garnies de parements plissés, ainsi que sa coiffe noire, avec dentelles. Elle porte une collerette blanche tuyautée, et une coiffe à la Marie Stuart doublée de dentelle fine à petits dessins.

A gauche, les armes de la dame.

A droite, on lit :

ETATIS SVÆ 51 ANNO DNI 1591

Au revers du tableau, on lit sur le panneau :

JON · CVRAVWE · CATERINE · VAN · DAMME · HVVSVRAVWE .
VAN Mᵉ FRANÇOIS · de · GROOTE.

Tableau d'une facture remarquable.

Bois. Haut., 1 m. 8 cent.; larg., 74 cent.

MIGNARD

15 — *Portrait de dame de la cour de Louis XIV.*

Représentée dans un costume allégorique de reine asiatique, tournée vers la droite, regardant presque de face et dans une attitude majestueuse. Coiffée d'un turban orné de guirlandes de perles, avec aigrettes en saphirs, surmonté d'une couronne. Un voile de gaze, attenant à la coiffure, tombe négligemment sur ses épaules. Habillée d'un peplum de velours bleu, avec manches courtes en point de Venise, relevées par un bracelet, avec attache en saphirs ; un manteau de cour en brocart d'or à fond rouge et en fourrure est retenu à l'épaule par une agrafe en saphirs et perles.

Tableau remarquable par la vigueur de touche, l'arrangement du costume et l'harmonie qui règne dans l'ensemble de l'œuvre.

Toile ovale. Haut., 80 cent.; larg., 61 cent.

LE PORDENONE

16-17 — *Le Colin-Maillard.*

A cache-cache !

Scènes d'enfants.
Deux pendants.

Toile. Haut., 40 cent.; larg., 36 cent.

PRUD'HON

(PIERRE-PAUL)

18 — *La Consultation médicale.*

Dans un salon, autour d'un guéridon, les trois docteurs sou réunis, celui assis à gauche regarde un buste de Fourcroy. Au fond, la statue d'Esculape.

Toile. Haut., 18 cent.; larg., 20 cent.

PRUD'HON

(D'après)

19 — *Les Saisons.*

Quatre charmants panneaux décoratifs se faisant suite.

Toile. Haut., 95 cent.; larg., 40 cent.

REMBRANDT

(Attribué à)

20 — *Aristote.*

Portrait du philosophe, représenté presque de face, déjà vieux, la figure pensive, aux rides profondes, le regard trahissant la méditation, la barbe blanche, en costume rouge, avec manteau noir.

Au-dessus, on lit :

ARISTOTELLES.

A été gravé par Van Vielt.

Gravure annexée de F. L. D. Ciartres.

Par sa facture très caractéristique, ce portrait rappelle tellement les œuvres du maître lorsqu'il quitta l'atelier de Lastman que, d'accord avec bien des connaisseurs qui l'ont examiné et admiré, nous le lui attribuons.

Cadre ancien, bois sculpté et doré.

Toile. Haut., 33 cent.; larg., 25 cent.

REMBRANDT

(D'après et attribué à FERDINAND BOL)

21 — *La Leçon d'anatomie.*

Bois. Haut., 70 cent.; larg., 90 cent.

2

REMBRANDT

(D'après)

22 — *Portrait de la fille du maître.*

Bois. Haut., 23 cent.; larg., 16 cent.

RIBERA

(École de)

23-24 — *Les Petits Joueurs de cartes et les Petits Joueurs de dés.*

Deux pendants.

Toiles. Haut., 96 cent.; larg., 1 m. 28 cent.

TITIEN

(Attribué au)

25 — *Portrait d'une maîtresse du maître.*

Sans doute tellement épris de sa beauté, le peintre s'est plu à la représenter presque dans sa nudité. Debout, le bras gauche appuyé sur une table, la chemise ouverte tombante sur le bras droit. En grande partie recouverte par un manteau jeté sur l'épaule et dont la nuance fait ressortir l'éclat de la peau. Elle porte un bracelet et une bague d'or, et aux oreilles des perles pendeloques. Chevelure d'un blond doré, avec boucles tombant négligemment sur l'épaule.

Toiles. Haut., 95 cent.; larg., 78 cent.

VAN OSTADE
(ADRIEN)

26 — *Le Maître d'école.*

Presque au milieu d'une salle d'aspect absolument rustique,
le maître, assis sur un siège en planche, devant une table,
examine un des élèves, petit blond joufflu, très absorbé par ce
qu'on lui fait lire ; un autre, debout à côté de lui, son livre
ouvert, prend un air narquois ; une petite fille, de l'autre côté
de la table, suit attentivement.

Au pied de la table, un écolier presque à genoux qui cause
avec une fillette assise près de lui. Près d'eux une cruche en
terre.

Au fond, à droite, diversement groupés et étudiant leur
leçon, cinq autres enfants. A gauche, derrière le siège du
maître, un écolier fouille dans un panier ; près d'une porte en
planches renversée, une paysanne le regarde, et un quatrième
personnage lui tourne le dos.

Effet de clair-obscur mettant en lumière des expressions de
physionomie bien différentes.

Au revers, deux cachets.

Provient de la Collection du marquis de Praslin.

Bois. Haut., 35 cent. ; larg., 47 cent.

VALLIN

27 — *Tête de jeune femme brune.*

Bois. Haut., 19 cent. ; larg., 16 cent.

VERDUSSEN

28-29 — *Paysages d'Italie.*

Avec ruines animées de cavaliers, de paysans et d'animaux.
Deux pendants.
Signés à gauche.

Toiles. Haut., 22 cent. ; larg., 30 cent.

VERNET

(JOSEPH)

30 — *Les Pêcheurs des environs de Gênes.*

Au premier plan, deux hommes et deux femmes tenant leurs lignes et des paniers sont étendus sur un rocher. Un homme, courbé, est occupé dans une barque amarrée.

A gauche, sur la mer, s'avance un trois-mâts ; d'autres navires et des embarcations de toutes formes se dessinent à l'horizon.

Sur la côte rocheuse qui s'étend à droite s'élève un donjon ; on voit de tous côtés de nombreux petits personnages.

Signé à droite, sur le rocher : J. Vernet.

Bois. Haut., 35 cent.; larg., 50 cent.

VÉRONÈSE

(D'après PAUL)

31 — *Les Noces de Cana.*

Toile. Haut., 56 cent.; larg., 75 cent

WATTEAU

(D'après)

32 — *Les Chanteurs italiens.*

Bois. Haut., 32 cent.; larg., 24 cent.

ÉCOLE DU XVIe SIÈCLE

33 — *Le Christ à la couronne d'épines.*

Panneau. Haut., 70 cent.; larg., 52 cent.

ÉCOLE FRANÇAISE

34 — *Dionis et Delachambre, chirurgiens de Louis XIV.*

> Le célèbre chirurgien, assisté de son confrère, dans une chambre de *la Charité*, préparent leurs instruments pour une opération.
>
> Cadre ancien en bois sculpté et doré.

Toile. Haut., 73 cent.; larg., 58 cent.

ÉCOLE FRANÇAISE

35 — *Voyage et conduite d'un moribond pour l'autre monde.*

> Curieux cortège allégorique composé de six personnages à cheval, avec gravure annexée.

Toile. Haut., 66 cent.; larg., 90 cent.

ÉCOLE FRANÇAISE

(xviii⁰ siècle)

36 — *Portrait d'homme de l'époque Louis XV.*

> Cadre ancien en bois sculpté et doré.

Toile. Haut., 68 cent.; larg., 54 cent.

ÉCOLE FRANÇAISE

37 — *Portrait de Voltaire.*

Toile. Haut., 50 cent.; larg., 40 cent.

ÉCOLE FRANÇAISE

38 — *Combat de cavaliers.*

Bois. Haut., 11 cent.; larg., 16 cent.

ÉCOLE HOLLANDAISE

39 — *Village en feu.*

Effet de nuit.
Composition de nombreuses figures.
Signé : P T.

Bois. Haut., 30 cent.; larg., 35 cent.

ÉCOLE ITALIENNE

(XVIᵉ siècle)

40 — *Composition allégorique.*

Avec banderole à légende.
Cadre ancien en bois sculpté et redoré.

Toile. Haut., 37 cent.; larg., 47 cent.

ÉCOLE ITALIENNE

41 — *Sainte Madeleine.*

Toile. Haut., 40 cent,; larg., 32 cent.

ÉCOLE GRÉCO-RUSSE

42 — *Deux tableaux religieux.*

ÉCOLES DIVERSES

43 — *Six petits tableaux sur bois, non encadrés.*

TABLEAUX MODERNES

BORMAN

44 — *Pêches, raisin, cerises, citron et insectes.*

Joli tableau.
Signé à droite.

Toile. Haut., 54 cent.; larg., 62 cent.

CASTIGLIONE

45 — *La Petite Napolitaine.*

Appuyée sur le bord de sa fenêtre, elle joue avec son serin en cage.
Signé à gauche.

Bois. Haut., 22 cent.; larg., 16 cent.

CATRUFO

(PIERRE)

46 — *Paysage des environs de Toulouse.*

Effet de soleil couchant.

Bois. Haut., 24 cent.; larg., 35 cent.

COURT

47 — *La Belle Napolitaine.*

Représentée en buste, dans le costume national, avec une couronne de branche de cerises sur la tête.
Signé à gauche : Court, Naples.

Toile. Haut , 73 cent.; larg., 62 cent.

DECAEN

(ALFRED)

48 — *En retraite.*

Deux cavaliers arabes, l'un blessé, l'autre le protégeant, s'éloignent du gros d'un combat de cavaliers.
Au fond, la mêlée.
Signé à gauche et daté 1863.

Toile. Haut., 45 cent.; larg., 65 cent.

DREUX D'ORCY

49 — *Tête de jeune fille.*

Représentée presque de face, la tête tournée légèrement vers la droite, cheveux blonds et dorés, corsage décolleté.
Signé à gauche.

Bois. Haut., 13 cent.; larg., 10 cent.

DUJARDIN

(VICTORINE)

50 — *Nenni!*

Représentée en buste, une belle fille brune revient à travers bois portant des branchages. Coiffée d'un foulard blanc et rouge, la gorge et les épaules nues, la tête tournée vers la gauche, répondant par un charmant sourire à quelque propos galant.

Signé à gauche en haut, daté 1879.

Toile. Haut., 45 cent.; larg., 37 cent.

DUJARDIN

(VICTORINE)

51 — *Tête de jeune femme blonde.*

Signé en haut à droite.

Toile. Haut., 22 cent.; larg., 18 cent

DUJARDIN

(VICTORINE)

52 — *Tête de femme brune.*

Étude.
Signée en haut à gauche.

Bois. Haut., 22 cent ; larg., 15 cent.

DUVERNOY

(CHARLES)

53 — *La Mare.*

Paysage avec moutons.
Signé à droite.

Bois. Haut., 25 cent.; larg., 36 cent.

FERRÈRE

(Mlle CÉCILE)

54 — *Portrait de l'artiste.*

Signé et daté 1876.

Bois. Haut., 32 cent.; larg., 25 cent.

FICHEL

(E.).

55 — *Le Bibliophile.*

Joli petit tableau.
Signé à gauche et daté 1873.

Bois. Haut., 18 cent.; larg., 14 cent.

FLEURY

(LOUIS)

56 — *Paysage dans les Alpes.*

Signé à droite.

Toile. Haut., 27 cent.; larg., 39 cent.

GASSIES

(GEORGES)

57 — *Forêt de Fontainebleau.*

> Un cerf sur la lisière.
> Signé à gauche : G. Gassies.
>
> Bois. Haut., 28 cent.; larg., 35 cent.

GIRAUD

(CHARLES)

58 — *Souvenirs de Bretagne.*

> Des paysannes viennent chercher de l'eau à une source.
> Au fond, horizon sans fin.
> Signé à droite.
>
> Bois. Haut., 23 cent.; larg., 33 cent.

GIRAUD

(CHARLES)

59 — *Dans l'atelier du peintre.*

> Une jeune fille, assise sur une grande chaise Louis XIII,
> regarde des dessins qu'elle tire d'un carton. Au fond, un bahut
> avec des œuvres de sculpture et une bibliothèque. A droite, un
> canapé. Au mur, des tableaux, des études.
> Signé à gauche : Ch. Giraud, 1871.
>
> Bois. Haut., 35 cent.; larg., 45 cent.

GIRAUD
(CHARLES)

60 — *La Femme du contrebandier.*

Signé à droite.

Bois. Haut., 25 cent.; larg., 40 cent.

GIRAUD
(EUGÈNE)

61 — *Carmen.*

Fine, provocante, coquette, elle jette son plus doux regard
sur le Toréador qui la salue.
Signé à gauche : E. Giraud.

Bois. Haut., 56 cent.; larg., 40 cent

GIRAUD
(VICTOR)

62 — *Le Billet.*

Toile. Haut., 40 cent.; larg., 32 cent.

GUDIN
(HENRIETTE)

63 — *Marine.*

Pleine mer, temps d'orage.

64 — *Le Long des côtes.*

Effet de soleil.
Deux pendants.
Signés : H. Gudin.

Bois. Haut., 14 cent.; larg., 20 cent.

JACQUEMART

(NELLIE)

65 — *Faisan doré.*

Signé en haut à droite.

Toile. Haut., 42 cent.; larg., 80 cent.

LAMBINET

(ÈMILE)

66 — *Une Ferme aux environs d'Écouen.*

A droite, à travers les arbres, on voit le bâtiment principal
de la ferme. Au bord de la rivière qui s'étend au premier plan,
des canards, des poules et des coqs. Une meule de blé s'élève
dans la prairie.

A gauche, des figures de paysannes animent ce charmant
petit tableau, indiquant bien par des notes fraiches et sa touche
délicate une des œuvres les plus intéressantes de l'artiste.

Signé à gauche : Émile Lambinet, daté de 1857.

A droite, l'inscription : Écouen.

Toile. Haut., 27 cent.; larg., 40 cent.

LAMBRON

67 — *En retard!*

Un jeune avocat, chargé de ses dossiers, court à la Chambre
où l'appelle sa plaidoirie. Dans son empressement, il perd son
journal *la Loi*.

Signé à gauche : E. Lambron.

Bois. Haut., 17 cent.; larg., 12 cent.

LEBAILLIF

68 — *Le Peintre de l'amour.*

> Bois. Haut., 28 cent.; larg., 22 cent.

LEBAILLIF

69 — *Les Amours aux colombes.*

70 — *Les Amours pêcheurs.*

> Deux pendants.
> L'un signé à droite.

> Toile. Haut., 25 cent.; larg., 18 cent.

LEHMANN
(HENRY)

71 — *Tête de Jacob.*

> Signé avec dédicace et daté de 1864.
> Cadre en bois sculpté et doré.

> Bois. Haut., 19 cent.; larg., 15 cent.

VATTIER
(ÉMILE)

72 — *Le Lever.*

> Signé à droite.

> Bois. Haut., 16 cent.; larg., 21 cent.

REMY

(Mᵐᵉ GÉO)

73 — *Portrait de jeune femme blonde.*

> Représentée tournée à gauche, la tête gracieusement inclinée
> presque de trois quarts, coiffée d'une toque grise à plume
> rouge, les cheveux épars tombant sur ses épaules nues. Elle
> tient une cigarette de la main droite.
>
> Signé à gauche : Géo Remy, et daté 1867.

> Toile. Haut., 54 cent.; larg., 44 cent.

ROUSSEAU

(PHILIPPE)

74 — *Oranges.*

> Signé à droite.

> Bois. Haut., 27 cent.; larg., 37 cent.

ROUSSEAU

(PHILIPPE)

75 — *Intérieur de ferme.*

> Signé à droite.

> Toile. Haut., 35 cent.; larg., 28 cent.

SCHNEIDER

76 — *La Gardeuse d'ânes.*

> Signé à gauche.

> Toile. Haut , 25 cent.; larg., 38 cent.

SIPONTI

(A.).

77 — *Corbeilles de fleurs.*

Signé et daté 1872.

Bois. Haut., 35 cent.; larg., 50 cent.

TORTONI

78 — *Nature morte.*

Signé à gauche et daté 1854.

Bois. Haut., 32 cent.; larg., 25 cent.

TORTONI

79 — *Cour de ferme.*

Signé à droite.

Toile. Haut., 36 cent.; larg., 27 cent.

TORTONI

80 — *Portrait de M. J. Jobert de Lamballe.*

Haut., 65 cent.; larg., 54 cent.

VALTON

81 — *Portrait d'homme.*

Signé.

Toile. Haut., 39 cent.; larg., 30 cent.

VÉRON

(PAUL)

82 — *Les Délassements champêtres.*

Bois. Haut., 20 cent.; larg., 14 cent.

VEYRASSAT

83 — *Après la moisson.*

A droite, une charrette attelée de trois chevaux est arrêtée devant une meule de blé sur laquelle sont grimpés des paysans qui avec leurs fourches font passer les bottes à un autre gars qui les entasse dans la charrette. Dans le champ qui s'étend à l'infini, de nombreuses glaneuses ramassent les épis.

Composition de douze figures.

Tableau des plus agréables de l'artiste.

Signé à droite : Veyrassat.

Bois. Haut., 23 cent.; larg., 38 cent.

ÉCOLE FRANÇAISE

84 — *Paysage.*

Meule de blé, paysanne et animaux.

Bois. Haut., 16 cent.; larg., 20 cent.

A. G.

85 — *Bord de rivière.*

Paysans détachant un canot de la rive.

Signé à gauche.

Toile. Haut., 28 cent.; larg., 36 cent.

GOUACHES, AQUARELLES

DESSINS, PASTELS, GRAVURES

BONASONE

86 — *Portrait de Michel-Ange.*

> Gravure datée de 1546.
> Très belle épreuve.
> Cadre en bois noir guilloché et ancien.

> Haut., 28 cent.; larg., 20 cent.

GIRAUD

(EUGÈNE)

87 — *La Dame à l'escarcelle.*

> Pastel ovale.
> Signé à droite.

> Haut., 78 cent.; larg., 60 cent.

MALLET

88 -- *Antoine et Cléopâtre.*

> Une des plus belles gouaches connues du peintre.

> Haut., 33 cent.; larg., 40 cent.

PASCUTTI

(A.).

89 — *Une Supplique à la diva.*

> Composition de nombreuses figures.
> Très belle aquarelle.
> Signée à gauche.
>
> Haut., 35 cent.; larg., 25 cent.

PILS

90 — *Le Sapeur.*

> Dessin rehaussé de couleur.
> Signé.
>
> Toile. Haut., 15 cent.; larg., 10 cent.

PRUD'HON

91 — *Minerve corrigeant Marsyas.*

> Scène tirée de la frise du Parthénon (Pausanias).
> Beau dessin relevé de camaïeu bleu.
> Signé à droite P. P. P., et daté 1792.
>
> Haut., 25 cent.; larg., 20 cent.

REMBRANDT

92 — *La Ronde de nuit.*

> Superbe gravure sur vélin.
>
> *Léop. Flameng, aqua-f.*

VESTIER

(Attribué à)

93 — *Portrait de jeune femme.*

En buste, robe bleue, corsage décolleté avec rubans au cou
et dans les cheveux.
Pastel.
Cadre en bois sculpté de l'époque.

Haut., 63 cent.; larg., 48 cent.

WARTELL

94 — *Portrait de Marie-Antoinette d'Autriche,
reine de France.*

Gravure.

Haut., 30 cent.; larg., 22 cent.

ÉCOLE FRANÇAISE

(XVIIIᵉ siècle)

95 — *Les Amours jardiniers.*

Composition de quatorze figures.
Gouache en forme d'éventail.

Velin. Haut., 25 cent.; larg., 50 cent.

ÉCOLE FRANÇAISE

96 — *Portrait de M*^{me} *Dugazon.*

> Gravure en couleur.
> Belle épreuve.
>
> Haut., 19 cent.; larg., 15 cent.

ÉCOLE FRANÇAISE

97 — *Pèlerinage.*

> Dans un paysage boisé et accidenté.
> Gouache.
> Cadre ancien.
>
> Haut., 12 cent.; larg., 15 cent.

98-99 — Deux cartons sur supports renfermant des photographies.

MINIATURES, BOITES

BIJOUX, OBJETS D'ART DE VITRINE

100 — Très belle miniature ronde sur ivoire, représentant *la Femme à l'Éventail*, attribuée à Cosway. Représentée à mi-corps, tournée vers la droite, regardant presque de face, tenant un éventail de la main gauche et avec une grâce infinie, s'en préserve du soleil. Sa belle chevelure blonde retenue par un ruban retombe en boucles rebelles et abondantes sur ses épaules. Elle est habillée d'une robe à corsage de velours gros bleu à manches courtes et avec fichu de gaze mauve garnie de dentelle. Œuvre des plus charmantes par l'expression de la physionomie, la délicatesse de touche et la conservation des tons ; cadre à chevalet en bronze à tore de laurier et nœud de rubans.

101 — Médaillon rond en porcelaine de Sèvres, représentant de profil *Napoléon Ier* en buste ; cadre en bronze doré. Ce portrait, ainsi que l'indique une inscription au revers, a été offert par l'Empereur à Mlle Louise-Émilie Poiselle, première chanteuse de la musique de l'Empereur. Joint le brevet.

102 — Jolie canne en rhinocéros avec pomme en or guilloché.

103 — Jolie miniature ronde sur ivoire, représentant une jeune dame de qualité en costume de
cour, vue de face en buste, robe blanche décol-
letée, avec écharpe gracieusement drapée sur les
épaules et nouée devant ; coiffure haute et pou-
drée. Cadre en bronze. Époque Louis XVI.

104 — Miniature ovale sur ivoire, représentant une
jeune fille en vestale coupant les ailes d'une
colombe près d'un autel. Cadre en bronze.

105 — Petite miniature ovale sur ivoire : Portrait
d'homme en costume de la Révolution, cheveux
poudrés. Cadre en cuivre.

106 — Miniature ronde sur ivoire : Portrait de
femme en buste, corsage de mousseline blanche
laissant voir un des seins nus, chevelure rouge
retenue par un ruban bleu. Montée sur une bonbonnière en écaille. Époque Louis XVI.

107 — Miniature ronde sur ivoire : *la Mort d'Hip-
polyte*. Époque Louis XVI ; cadre en bois
noir.

108 — Miniature ronde sur ivoire, représentant Flore
se reposant au pied d'un arbre. Montée sur une
boîte en écaille.

109 — Émail ovale : Portrait de M*lle* *Raucourt* dans

le rôle d'Élisabeth (Comte d'Essex), signé au revers d'Adèle Chavassieu et daté 1812. Monté en médaillon.

110 — Miniature ovale représentant *la Vierge et l'Enfant*, dans un cadre octogone en ébène enrichi de cornalines et de malachite. xviie siècle.

111 — Bonbonnière en écaille avec dessus, représentant *Hippocrate*, en vernis de Brunswick.

112 — Bonbonnière en vernis de Martin, décor à sujets champêtres.

113 — Petite bonbonnière en vernis Martin, avec personnages sur le couvercle ; monture en argent. Époque Louis XVI.

114 — Bonbonnière en ivoire avec gravure : *Offrande à l'Amour* sur le couvercle. Époque Louis XVI.

115 — Tabatière en émail de Bettersea, fond gros bleu, à semis de fleurs et quadrillé d'or ; monture en cuivre doré. Époque Louis XVI.

116 — Petite bonbonnière en vermeil gravé, enririchie de turquoises et de grenats cabochons, avec fixés à paysages et figures.

117 — Bonbonnière ronde en rouge antique, avec
mosaïque sur le couvercle, représentant une
pyramide. Monture en or.

118 — Bonbonnière en rouge antique, avec mosaïque
sur le couvercle, représentant une ruine. Monture en argent doré.

119 — Tabatière ovale en cuivre gravé. Époque
Louis XVI.

120 — Bonbonnière ronde en écaille blonde ornée
de posé d'or.

121 — Miroir en laque de Perse, décor à personnages.

122 — Jolie coupe en jade blanc finement évidée,
avec anses à branchages à jour pris dans la
masse ; montée sur socle en marbre vert
d'Orient.

123 — Flacon à bétel en laque de Pékin finement
sculpté, représentant des personnages dans des
paysages, avec bouchon à cuillère adhérente.

124 — Flacon en verre rubis, monté en argent
gravé.

125 — Deux bonbonnières en cristal taillé, monture
en argent.

126 — Cachet en agate.

127-128 — Quatre bonbonnières à charnières en
agate et en jaspe d'Allemagne, montures en
cuivre.

129 — Miniature sur cuivre : Portrait du poète
Michael Marulus, ainsi que l'indique une inscription. Représenté en buste presque de face,
en costume rouge. Cadre en bronze.

130 — Petit bas-relief rectangulaire sur terre cuite,
représentant le *Festin des Dieux;* cadre en
cuivre. Époque Louis XVI.

131 — Peinture de l'École gréco-russe : *la Vierge
en prière,* portant un manteau et une couronne
enrichis de pierreries ; cadre en cuivre. xviiᵉ
siècle.

132 — Presse-papier formé par une tête de mort en
cristal de roche montée sur porphyre oriental.

133 — Médaillon rond en terre de *Nini,* daté 1777
(signé), représentant *Franklin* en buste.

134 — Jolie montre en or à double boîtier, dessus
pavé de stras, cadran signé Romilly, entouré de
jargons, avec second boîtier émaillé rouge.

135 — Peigne en écaille avec galerie à double rang
de cailloux du Rhin, monture en argent.

136 — Quatre pièces pour garniture de livre en
jais, monture en argent doré et repercé. Époque
Louis XIV.

137 — Quatre pièces pour fermoirs de livre en argent
repercé. xviie siècle.

138 — Vase avec couvercle en argent repoussé et
doré, style Renaissance, offrant au pourtour un
médaillon avec inscription : *Gloria immortalis
labore parta*, dans un cartouche à figures de
génies ailés et un médaillon à armoirie cou-
ronné par des amours ; couvercle avec figurine,
piédouche à guirlande de fruits.

139 — Joli flacon hexagonal en verre finement gravé,
offrant au pourtour des vues de la ville de
Haarlem, surmontée d'une armoirie, d'enroule-
ments et de génies, des figures allégoriques de
la Justice et de l'Abondance, sous des bosquets
à rinceaux fleuris, travail du xviie siècle. Le
bouchon en argent repoussé et ciselé présente
un décor analogue, travail moderne.

140 — Coffret en bois sculpté, offrant dessus : l'Ado-
ration des rois mages ; sur le devant, une femme

en prière et un archange tenant une banderole,
et, sur les trois autres côtés, des scènes relatives
à la naissance de l'Enfant Jésus. xve siècle.

141 — Éventail Louis XVI, feuille à médaillon allégorique à la Pêche; monture en nacre à rehauts
d'or.

142 — Éventail monté en ivoire, feuille à sujet
champêtre.

143 — Bonbonnière en ivoire sculpté à jour, offrant
des sujets mythologiques. Louis XVI.

144 — Médaillon rond en ivoire à double face,
figure d'un côté, scène de buveurs de l'autre.

145 — Trois bustes bas-reliefs en biscuit : la Duchesse de Berri, la Duchesse et le Duc d'Angou-
lême, dans un même cadre sous verre.

146 — Camée coquille : Tête de Michel-Ange; cadre
ciselé et doré.

147 — Divers objets de vitrine.

148 — Jeu de dix boîtes cylindriques en cuivre ou-
vré de Chine.

149 — Petite statuette de Baigneuse en terre cuite.

150 — Ancienne boite à poids avec série de poids.

151 — Sonnette en bronze : Chinois jouant du tambourin.

152 — Garniture de quinze boutons en acier faceté.

153 — Coffret en ivoire.

154 — Quatre porte-tasses orientaux en cuivre repoussé.

155 — Deux miroirs japonais.

156 — Plat en étain offrant au centre Éliézer et Rébecca.

157 — Rosace orientale en argent.

158 — Paire de ciseaux de Perse en fer incrusté d'or, travail ancien, mécanisme curieux.

159 — Encrier persan en cuivre gravé.

160 — Pipe avec tuyau forme lyre en ivoire.

161 — Couvert ancien en argent.

162 — Deux cuillères orientales.

163 — Statuette en plâtre : Valentine de Milan.

164 — Figurine en terre cuite : *le Petit Fumeur*, de Graillon. (Signé.)

165 — Chou en faïence de la suite de Palissy, formant bonbonnière.

166 — Deux flambeaux en pierre de lard représentant des autruches dans des buissons fleuris. Travail chinois.

167 — Gourde marocaine.

168 — Verre gravé à armoirie.

169 — Paire de vases en gris craquelé de Chine, décor à figures en couleur.

170 — Deux grandes turquoises de Perse.

171 — Deux grandes topazes taillées.

172 — Cachet en cristal fumé.

173 — Petit cachet en sardoine orientale, avec figure de guerrier gravée en taille-douce.

174 — Petit cachet en or, avec cornaline, intaille gravée.

175 — Petit baguier en agate, évidé et taillé à facettes.

176 — Cachet tournant en or, avec les jours de la semaine, gravés sur pierre dure.

177 — Pendentif normand en or ancien.

178 — Pendentif-reliquaire doré avec médaillons, peinture sous verre. XVIe siècle.

179 — Bas-relief en terre cuite, représentant une allégorie : le Temps découvre la Vérité et chasse les préjugés. XVIIIe siècle.

180 — Figurine de femme Louis XIII, sculpture sur ivoire. Socle en bois.

181 — Deux branches de corail.

182 — Figurine de paysan accroupi, formant tabatière, bois sculpté. Travail ancien.

183 — Christ en buis sculpté. Époque Louis XIV.

184 — Tête d'homme, étude anatomique. Sculpture sur bois.

185 — Petit flacon en cristal, côtes tournantes ; monture or, enrichie de turquoises.

186 — Petite boîte en argent repoussé. Travail hollandais du temps de Louis XVI.

187 — Figurine de philosophe, bois sculpté de Chine. Travail ancien.

188 — Groupe en ivoire japonais : Grotesque portant un canon.

189 — Petit groupe de six personnages accroupis, travail ancien ivoire japonais, et portant dessous la signature de l'artiste.

190 — Groupe de trois petits animaux, ivoire ancien du Japon.

191 — Figurine de Chinoise en pierre de lard, teinte rosée.

192 — Figurine de Japonais en pâte tendre blanche.

193 — Cassolette en porcelaine de Tournai, gros bleu de roi à médaillons, amours et trophées; monture bronze doré. Style Louis XVI.

194 — Écuelle avec couvercle et plateau en faïence, genre Marseille, décor à scènes champêtres et bouquets de fleurs, rehaussée d'or.

195 — Flacon en ancien émail de Saxe, décor à
fleurs et rocailles. Monture argent.

196 — Trois étiquettes à vin de Bourgogne, en
émail du temps de Louis XV.

197 — Œillère en ancienne pâte tendre de Villeroi,
décor à fleurs.

198 — Face et revers d'une médaille à l'effigie de
Frédéric II. Superbe épreuve, fleurs de coin de
Reutlinger. Encadré.

199 — Cinq bas-reliefs, scènes empruntées à la
colonne Trajane, composition de nombreuses
figures. Bronzes à patine claire.

200 — Baiser de paix en bronze argenté en bas-relief :
la Résurrection du Christ ; encadrement d'aspect
architectural. Style Louis XIII.

201 — Pendentif en argent, représentant un Saint
Georges.

202 — Paire de boucles d'oreilles arabes en argent,
corail et émail.

203 — Boitier de montre en galuchat. Monture en
cuivre.

204 — Neuf boutons de robe en lapis de Bohême.

205 — Onze boutons de robe en corail rose monté en or, incrustés de roses.

206 — Grain de corail rose.

207 — Onze boutons de robe, en jaspe sanguin monté en or.

ARMES

208 — Flissah à lame gravée, poignée et fourreau en bois garni de cuivre.

209 — Flissah orientale, lame incrustée près du talon, poignée en argent niellé, fourreau en velours, garni en argent.

210 — Poignard oriental, manche en ivoire clouté de rubis cabochons, fourreau en argent repoussé.

211 — Deux petits poignards et couteaux orientaux.

212 — Paire de rasoirs orientaux, dans une gaine.

213 — Poignard à lame plate, poignée en bronze, fuseau à grille ajourée, fourreau en velours rouge.

214 — Couteau à lame courbe, manche en os, fourreau en métal.

215 — Poignard sauvage, fourreau en cuir.

216 — Quatre lames de poignards de Tolède.

217 — Deux paires de ciseaux persans, en fer gravé et incrusté d'or.

218 — Couvert japonais.

219 — Quatre couteaux catalans et autres.

220 — Couteau à long manche en pierre verdâtre d'Orient.

SCULPTURES

IVOIRES, MARBRES, BRONZES

221 — Jolie statuette en ivoire : *l'Esclave*, œuvre de E. Scaillet. Socle en bois noir.

222 — Deux figurines en ivoire : Soldats du Moyen-âge. Sur socles en bois noir.

223 — Joli buste d'enfant en marbre blanc, d'après
François Flamand. Sur fût de colonne en marbre
rouge griotte cannelé.

224 — Deux statuettes en marbre blanc : *Vénus* de
Milo et *Polymnie*. Sur socle en marbre rouge
griotte.

225 — Petit groupe en bronze : *Ariane*, d'après
Clésinger. Socle en marbre noir.

226 — Deux statuettes en bronze : *Voltaire et Rous-
seau*, jolie patine claire ancienne, sur socles
carrés en marbre rouge antique, garni de
bronze.

227 — Statuette en bronze : *l'Écorché*, jolie patine
ancienne. Socle en marbre.

228 — Très jolie statuette en ivoire et bronze :
Esculape, œuvre précieuse de E. Scaillet, signée
et datée 1875. Posant sur un fût de colonne en
marbre rouge.

229 — Petit groupe en bronze, de Mène (signé) :
Levrette jouant avec une bille.

230 — Petit vase en bronze, patine claire, orné de
figures d'Amour et Zéphyre en haut-relief, de

Barrias, édition de Barbedienne. (Signé.) Sur
socle en marbre noir et pieds en bronze.

231 — Statuette en bronze de David d'Angers (signée
et datée 1839) : *Guttenberg*.

232 — Buste en bronze : *Vénus*.

233 — Statuette en bronze de Barbedienne (signée) :
le Soldat de Marathon. Socle en marbre rouge.

234 — Groupe en bronze, d'après l'antique : *les
Lutteurs*. Belle patine.

235 — Buste en bronze : *Charles-Quint*, patine
rouge. Socle en marbre rouge griotte.

236 — Groupe en bronze, de Mène (signé) : *Chiens
à l'affût sur une perdrix*.

237 — Groupe en bronze, de Mène (signé) : *Trois
Chiens sur un terrier*.

238 — Deux petits bronzes.

239 — Clésinger (signés). *Taureau romain* et *Taureau vainqueur*, édition de Marnhyac. Socles en
marbre rouge.

240 — Buste en bronze : *la Vierge*, patine claire.

241 — Buste en bronze : *Diane de Poitiers*, édition de Gilot. (Signé.)

242 — Buste en bronze : *Hippocrate*, patine claire.

243 — Haut-relief cintré : profil de Chevreul, par David. Bronze signé.

244 — Haut-relief: profil de François Arago. Bronze signé A. Bovy.

245 — Bas-relief : profil de Xavier Bichat. Bronze signé David d'Angers.

246 — Bas-relief : profil d'Alphonse XII, roi d'Espagne. Bronze signé Charles Drouet, Madrid, 1877 ; encadré.

247 — Bas-relief : Portrait de Morisot, vérificateur des bâtiments du roi. Bronze du temps, encadré.

248 — Très intéressant heurtoir en fer, représentant un crocodile, le corps ainsi que la tête finement gravés. Travail hispano-mauresque du xive siècle, monté sur une applique en bois de noyer sculpté à fronton.

249 — Panneau renfermant un haut-relief en bronze :
Trophées de nature morte, par Mène, signé, et
quatre bas-reliefs : *l'Aigle et l'Antilope, l'Aigle
et le Serpent, Chien dans les Marais, Cerf cou-
rant,* de Barye, signés. Belle patine ancienne.

250 — Cheval en bronze, d'Édouard Letourneau.

251 — Statuette en marbre : Hermaphrodite, réduc-
tion de celle du Louvre.

BRONZES D'AMEUBLEMENT, PORCELAINES MONTÉES

OBJETS DIVERS

252 — Belle garniture de cheminée de Barbedienne,
composée d'une pendule en marbre avec statuette
de Diane de Gabies en bronze, et deux vases
candélabres ornés de bas-reliefs : Bacchanales.

253 — Jardinière en onyx d'Algérie, monture en
bronze ciselé et doré, à têtes de femmes et par-
ties en émail cloisonné, dessin polychrome sur
fond blanc. Travail de Dubost.

254 — Brûle-parfums en bronze ancien de Chine,
orné de figurines et de buffles autour du pied.
Couvercle à chimères jouant avec une boule.

255 — Petite théière en bronze de Chine, décorée
de dragons en bas-relief.

256 — Sonnette en bronze poli : la cariatide aux
dauphins, cartouche à mascarons et fleurs de lis.
Style Renaissance.

257 — Sonnette en bronze, offrant en bas-relief un
cortège, poignée à buste de Bacchus.

258 — Paire de vases en bronze du Japon, patine
claire, avec dragons enroulés autour de la panse.

259 — Petit vase à col allongé, à deux anses, décoré
de médaillons au dragon. Bronze ancien de Chine.

260 — Mortier en métal de cloche, offrant en bas-
relief des figures de nymphes et de chérubins,
avec des fleurs de lis au bord.

261 — Pomme d'escalier forme vase en bronze
ciselé et doré, orné de guirlandes de feuillages,
avec médaillons au chiffre N. E. (Provient de
l'escalier des appartements de l'Impératrice Eu-
génie, aux Tuileries).

262 — Paire de vases forme grecque en bronze, au
ton vieil argent, offrant en bas-relief des sujets
d'après l'antique ; sur socles en marbre rouge
griotte.

263 — Paire de vases en bronze, offrant en bas-relief des hérons dans des paysages. Socles en marbre noir.

264 — Coupe style grec en bronze de Barbedienne (signée), à deux anses.

265 — Coupe en bronze argenté de Barbedienne, représentant au centre le Triomphe de Bacchus.

266 — Deux petits vases dits au lierre en bronze de Barbedienne, sur fûts de colonne en marbre noir cannelé.

267 — Paire de petits vases en bronze forme Médicis, sur socle à quatre faces en marbre jaune de Sienne. Époque Empire.

268 — Petit sucrier en bronze, forme égyptienne, partie dorée, partie argentée. Poinçonné A. D.

269 — Jardinière de Satzuma, décor paysage; monture bronze fumée et frotté.

270 — Châle de l'Inde, broderie ancienne à double face, fond vert.

271 — Seau de Saint-Amant, décor bleu turquoise, médaillons, amours et trophées.

272 — Plat à barbe en vieux Japon, décor polychrome à rehauts d'or.

273 — Dix assiettes en faïence, décor artistique de Toselli.

274 — Plat en faience, décor dans le goût italien.

275 — Petit plat en faïence, décor oiseaux, de Charles Giraud.

276 — Deux tasses avec soucoupes et présentoirs de Chine, à fleurs.

277 — Paire de grands vases de Chine, décor à médaillons : sujets guerriers.

278 — Paire de vases en faïence italienne, décor à sujets, anses à serpents.

279 à 283 — Cinq bustes en plâtre : Esculape, Alexandre le Grand, Brutus, Dupuytren, Faustine.

284 — Aiguière de Chine, fond capucine, à cartels de fleurs. Monture en bronze à rocailles.

285 — Collection minéralogique, composée de pierres de tous genres.

MEUBLES, TENTURES

286 — Jolie table de salon en thuya, bois rose, bois
noir et garni de bronzes. Style Louis XVI.

287 — Table à jeu en bois noir garni de bronzes.
Style Louis XV.

288 — Table en bois noir avec tiroir, tablette d'entre-
jambes et dessus en faïence, décor paysages.

289 — Joli cabinet en bois noir et d'ébène, orné
d'incrustations d'ivoire gravé, avec poignées et
écoinçons en bronze ciselé et reperçé. Époque
Louis XIII.

290 — Chiffonnier en acajou, palissandre et marqueterie Louis XVI.

291 — Bureau de dame, forme bonheur du jour, en
marqueterie de bois de citronnier, d'érable et
d'amarante, garni de bronze. Style Louis XVI.

292 — Bel écran en bois noir sculpté, avec panneau
en ancienne tapisserie au point et au petit point,
du temps de Louis XVI, médaillon à personnages, encadré d'ornements.

293 — Bahut en marqueterie, genre de Boule, garni
de bronzes. Dessus en marbre blanc.

294 — Très belle bibliothèque en poirier noirci
sculpté, style Louis XVI, à colonnettes détachées,
s'ouvrant à deux grandes portes, de la maison
Lexcellent.

295 — Deux jolies bibliothèques à deux portes,
même travail, même style, moins grandes.

296 — Grande bibliothèque en chêne noirci et verni,
s'ouvrant au milieu à un battant et de chaque
côté à deux portes, dans le bas également, et
ornée d'incrustations de marbre, avec corniche
à consoles.

297 — Glace médaillon ovale avec cadre doré.

298 — Bureau en chêne noirci, à pieds tors, avec
trois tiroirs.

299 — Fauteuil de bureau en bois noirci, couvert en
cuir.

300 — Bel ameublement de salle à manger en poirier noirci et sculpté, partie en relief, partie en
creux et relevé d'or. Il se compose d'un grand

buffet d'aspect architectural à deux portes à
glaces, aux côtés arrondis et à étagères, une
table ovale à cinq allonges posant sur un pied
à ornements, une servante à deux étagères,
douze chaises couvertes et gainées en drap
rouge soldat.

301 — Grande glace avec cadre à fronton en poirier noirci, sculpté et rehaussé d'or.

302 — Trois paires de rideaux en drap rouge soldat
avec bandes en drap noir soutaché, embrasses et
lambrequins.

303 — Table de nuit à deux vantaux en acajou,
dessus de marbre blanc avec galerie. Époque
Louis XVI.

304 — Canapé et quatre chaises en bois noir, cou-
verts en drap rouge soldat. Style Louis XIII.

305 — Chaise en acajou et bois noir.

306 — Porte-manteaux et parapluies en bois noirci
et patères en bronze.

307 — Banquette en bois noir, couverte en velours
rouge frappé.

308 — Presse à copier en chêne.

309 — Chiffonnier en acajou.

310 — Fauteuil mécanique de malade.

311 — Objets non catalogués.

ANTIQUITÉS

312 — Osiris, petit bronze égyptien, et un épervier en bois.

313 — Neuf momies égyptiennes en terre émaillée, avec inscriptions.

314 — Trois momies en bois et deux uraeus également en bois.

315 — Poignée de ciste, avec une petite figure renversée en bronze.

316 — Deux lampes en bronze, avec figures en relief, une petite figure drapée debout et deux *phallus*. (Faux.)

317 — Petit tombeau étrusque, avec des **guerriers** combattant. Terre cuite. Sans couvercle.

318 — Vingt et un vases étrusques, de formes variées, avec figures et ornements ; plusieurs reproduc tions italiennes.

319 — Acteur comique, petite statuette de Tanagra.

320 — Lot de onze petites têtes antiques en terre cuite, provenant de l'Asie Mineure.

321 — Lot de seize pierres gravées et scarabées.

322 — Lot de six cornalines et autres pierres non gravées, et onze médailles.

323 — Buste d'Hercule, topaze claire. Signé : P. XANT. — Haut., 6 centimètres.

324 — Bague en or, avec une pierre gravée du xviiie siècle ; sujet romain, cinq personnages.

325 — Lot de haches en pierre et une série de minéraux, dont plusieurs rares et précieux.

326 — Buste en bas-relief d'Aristote, du xve siècle, avec inscription.

327 — Cadre renfermant vingt-six empreintes de pierres gravées de Gay.

Lot d'assignats français et étrangers, et un billet de 5 francs du Comptoir d'Escompte.

329 — Deux petites statuettes péruviennes en argent et billon, trouvées à Chincha, sous 15 mètres de guano.

330 — Lot de trois vases péruviens en terre.

www.ingramcontent.com/pod-product-compliance
Ingram Content Group UK Ltd.
Pitfield, Milton Keynes, MK11 3LW, UK
UKHW031802170726
13836UKWH00003B/1124